Gestickte Blütenkränze

Kurt A. Bernecker

Gestickte Blütenkränze

LUDWIG
selbermachen

Zum Geleit

Seit dem Erscheinen meines ersten Buches mit Kränzen und Buketts haben mich viele Briefe erreicht, die immer wieder lobend die lockere Gestaltung, die Harmonie und die Farbwahl erwähnten. Nichts freut einen Designer mehr, als auch die Meinung seiner „Leser" kennenzulernen.

Herzlichen Dank dafür!

Eine häufig geäußerte Bitte, in diesem Stil kleinere Kränze zu entwerfen, um sie stärker auch bei Tischwäsche einsetzen zu können, war nicht leicht zu erfüllen. Die durch den geringen Durchmesser eingeschränkte Gestaltungsmöglichkeit verlangte eine besonders intensive Form- und Farbgebung, ohne den Charakter der gewählten Motive zu verfremden.

Nun, da die Arbeit getan ist, hoffe und wünsche ich, daß Ihnen die einzelnen Entwürfe gefallen und sie durch Ihrer Hände Arbeit zu Leben erwachen.

Viel Freude damit!

Ihr Kurt A. Bernecker

Kurt A. Bernecker
ist Deutschlands bekanntester Stickbuchautor. Durch zahlreiche Publikationen hat er sich über die Grenzen Europas hinaus einen hervorragenden Ruf für Kreuzsticharbeiten erworben. Seine floralen Neuschöpfungen werden anerkennend als »Malen in Kreuzstich« bezeichnet.

Redaktion: Margit Bogner
Redaktionsleitung: Dr. Reinhard Pietsch
Graphik: Till Eiden
Satz: Bettina Kammerer
Fotos: Ulrich Kerth, München

Bildredaktion: Bettina Huber
Herstellung: Manfred Metzger
Druck und Bindung:
Istituto Grafico Bertello

Printed in Italy
Gedruckt auf chlor-und säurearmem Papier

ISBN 3-7787-3476-8

Inhalt

Das braucht man

DAS STICKGARN

Für mich als Designer sind die Stickgarne so wichtig wie die Farben für den Maler. Farbabweichungen und Farbabstufungen verändern jedes Bild. Die verbreitete Unsitte, jedem Entwurf gleich die Umsetzung in alle möglichen anderen Farben beizufügen, kann nur zur Folge haben, daß der Grundentwurf des Designers verfälscht wird; ganz abgesehen von der Tatsache, daß man von einem Maler auch nicht verlangt, er möge das Blau des Himmels ein wenig mehr türkis und die Erde ein wenig mehr umbrabraun gestalten.
Wollen Sie daher die Entwürfe mit anderen Garnen umsetzen, beachten Sie die Farbangaben der HD-Stickgarne auf Seite 62, suchen Sie dann aus Ihrer Garnpalette die nach Ihrer Meinung passenden Farben heraus, legen Sie sie nebeneinander und prüfen, ob alle Farben harmonisch zueinander wirken. Ist das der Fall, können Sie sie so verwenden. Die Harmonie ist wichtiger als die Annäherung an die im Buch verwendeten Farben! Ich habe mich seit langen Jahren für das matte, einfädige HD-Garn aus reiner Baumwolle von Uhlenhof-Stickereien entschieden. Es ist sehr gut gezwirnt, erstaunlich reißfest und bemerkenswert fehlerfrei. Es besteht laut Herstellerangabe aus ägyptischer Makobaumwolle und ist Indanthrengefärbt, das bedeutet, nach einer ersten Wäsche mit 60 C° ist das Garn farb- und lichtecht.
Da die in diesem Buch eingesetzten Trägermaterialien die gleiche Waschtemperatur benötigen, ist das Garn ideal. Es ist zur Zeit in 84 Farbstufen auf dem Markt. Die Färbungen in den verschiedenen Grundtönen erfolgen stufenweise. Das ermöglicht beim Entwurf in der Umkehrung eine weitgehende Angleichung an die Malerei, und für mich sind meine Arbeiten auch Kreuzstichmalereien!
Bei Umsetzungen in merzerisierte Garne müssen Sie unbedingt weichere Töne verwenden. Der Glanz dieser Garne, die zweifädig verstickt werden, läßt das Bild optisch „härter" erscheinen. Die aquarellähnliche Wirkung meiner Entwürfe geht dabei meist verloren. Vermeiden Sie in jedem Fall Farbbrüche; sie lassen gerade bei Kränzen die Stickerei optisch auseinanderfallen.

DIE STICKNADEL

Als Sticknadel verwenden Sie Nadeln ohne Spitze in der Größe 24 bis maximal 22. Bei Nadeln mit Spitze besteht die Gefahr, daß sie die Gewebefäden anstechen. Gute Fachgeschäfte führen diese Sticknadeln im Einzelverkauf.

STOFFE, LÄUFER UND GEBRAUCHSMATERIALIEN

Alle Entwürfe in diesem Buch sind als Bilder auf Uhlenhof-Stickleinen, Artikel 01.020, creme-weiß, mit zwölf Fäden je Zentimeter gestickt. Die Läufer, Uhlenhof-Artikel 01.080.1 ff., sind ebenfalls aus Reinleinen mit meist elf Fäden je Zentimeter. Die Serviette besteht aus reiner Baumwolle mit zehn Fäden je Zentimeter. Alle Materialien sind besonders gleichmäßig gewebt und garantieren ein optimales Stickergebnis. Wenn Sie andere Stoffe verwenden, prüfen Sie unbedingt die Webstruktur. „Rechteckstoffe“ lassen Ihre Kränze eiförmig erscheinen! Neben der quadratischen Webung, bei der Kette und Schuß immer gleich sind, müssen Sie auch auf die Zusammensetzung und Qualität der Stoffe achten. Mischgewebe und schlechte Zwirnung der Grundgarne lassen häufig das Stickbild verflust erscheinen. Prüfen Sie die Faserqualität daher durch Anreiben, und machen Sie gegebenenfalls eine Stickprobe. Die Waschbarkeit solcher Stoffe sollten Sie ebenfalls unbedingt feststellen. Durch unterschiedlichen Einsprung kann Ihre ganze Arbeit verdorben werden. In den Fällen, in denen Ihnen Ihr Fachgeschäft nicht weiterhelfen kann, wenden Sie sich an den in diesem Buch erwähnten Hersteller. Er gibt Ihnen gern Auskunft.

STICKRAHMEN

Es gibt unterschiedliche Meinungen darüber, ob ein Stickrahmen benutzt werden oder ob das Sticken aus der „Hand“ erfolgen sollte. Ich empfehle, soweit als möglich mit Stickrahmen zu sticken. Zum einen gewöhnt man sich dadurch schnell daran, senkrecht zu sticken (gleichmäßiges Stickbild!), zum anderen gleicht ein Stickrahmen die von Tag zu Tag unterschiedliche „Zugstärke“ der Stickhand aus.

DER KREUZSTICH

Die Motive dieses Buches müssen ausgezählt werden. Viele Stickerinnen, die es gewohnt sind, auf Stoffen zu sticken, auf denen das Muster vorgezeichnet ist, empfinden das Auszählen zu Unrecht als zu schwer. Es gibt nichts Einfacheres als den ausgezählten Kreuzstich.

FADEN –TRÄGERSTOFF

Der Kreuzstich dieses Buches wird mit einem Faden über zwei Fäden des Trägerstoffs gestickt. In seltenen Fällen, wenn es die Feinheit des vorgegebenen Entwurfs erforderlich machte, wurden auch halbe Kreuze und Steppstiche verwendet. Beachten Sie dazu die Stickvorlagen.

So wird´s gemacht

ANFANG

Der Anfang ist gar nicht schwer! Halten Sie ein etwa zehn Zentimeter langes Stück Stickgarn hinten fest, sticken Sie mehrere Kreuze, fädeln Sie dann aus und vernähen Sie mit dem festgehaltenen Garnende wie unten beschrieben. Sie werden sehen, es gibt auf der Rückseite kein „Durcheinander“ mehr!

STICKTECHNIK

In aller Regel wird der Kreuzstich von links unten nach rechts oben (Unterstich) gestickt und dann von rechts unten nach links oben (Deckstich). Grundsätzlich bleibt man, solange das möglich und sinnvoll ist, in einer Farbe des Stickgarns und führt erst alle Unterstiche, dann die Deckstiche aus. Das spart nicht nur Garn, es ist auch beim Auszählen einfacher. Der Rückweg ist durch die Unterstiche schon vorgegeben.

Überspannen Sie möglichst nicht mehr als drei Leerfelder oder Felder einer anderen Farbe. Das Garn, wenn nicht durch Kreuzstiche einer anderen Farbe gehalten, hängt sonst durch. Bei Gebrauchsmaterialien wie Tischwäsche etc. sollten Sie das ganz vermeiden und lieber häufiger „vernähen“.

VERNÄHEN

Es ist der Traum jeder Stickerin, die Rückseite im Gesamtbild so aussehen zu lassen wie die Vorderseite. Das ist leider im wesentlichen nur zu erreichen, wenn das ganze Stickmuster in einer Farbe gestickt wird und man Reihe für Reihe vollenden kann. Mehrfarbige Stickmuster verlangen häufiges Vernähen und viele Neuanfänge. Wenn die Rückseite also saubergestickt und ordentlich aussieht, sollten Sie mit dem Ergebnis Ihrer Arbeit sehr zufrieden sein. Vernähen Sie auch nicht mehr in der überlieferten Form, indem der Restfaden um einen Längs- oder Querfaden auf der Rückseite mehrfach geschlungen wird. Gerade bei Gebrauchswäsche und dem Einsatz von Waschmaschinen können sich solche Vernähungen auflösen. Führen Sie den Faden unter drei Querfäden der gestickten Kreuze durch, gehen Sie über einen Faden und dann unter zwei Fäden wieder zurück. Das Ende kann dann ganz kurz abgeschnitten werden, es löst sich auch nach mehrfachem Waschen nicht auf.

WAAGRECHTER KREUZSTICH (OBEN):
Die Reihe von links nach rechts bildet die Unterstiche, die Rückreihe die Deckstiche.

SENKRECHTER KREUZSTICH (MITTE):
Die Reihe von unten nach oben bildet die Unterstiche, die Rückreihe die Deckstiche.

HALBER KREUZSTICH (O. ABB.):
Das halbe Kreuz wird je nach Darstellung in der Musterzeichnung entweder über zwei Fäden in der Höhe und einen Faden in der Breite oder zwei Fäden in der Breite und einen Faden in der Höhe gestickt.

STEPPSTICH (UNTEN):
Der Steppstich wird ebenfalls über zwei Gewebefäden mit Hin- und Rückreihe als „Linie“ ausgeführt.

VERNÄHEN (O. ABB.):
Das zu vernähende Fadenende wird auf der Rückseite der Stickerei unter drei gestickten Querfäden durchgezogen; dann über einen Querfaden zurückgehen und wieder unter zwei gestickten Querfäden durchführen.

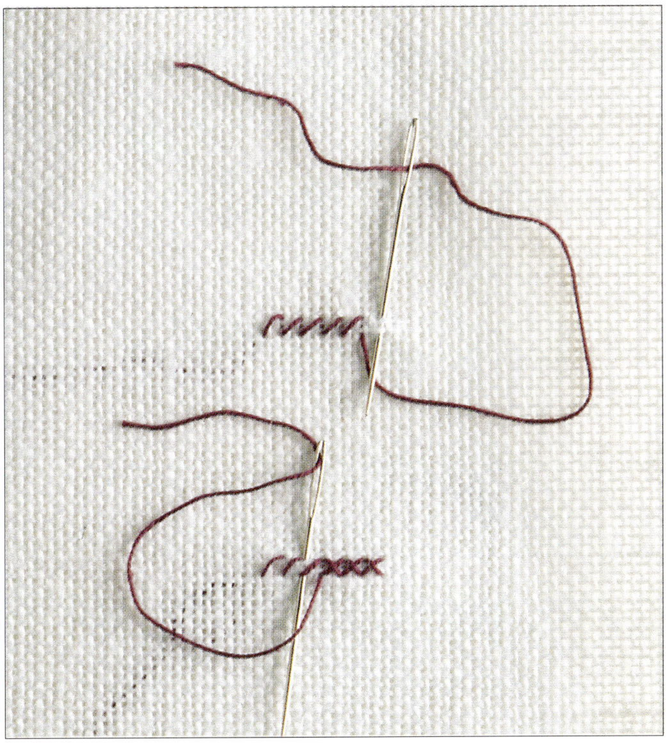

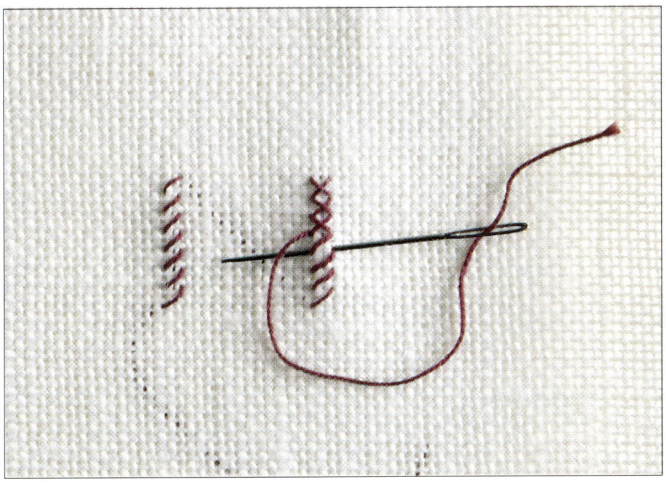

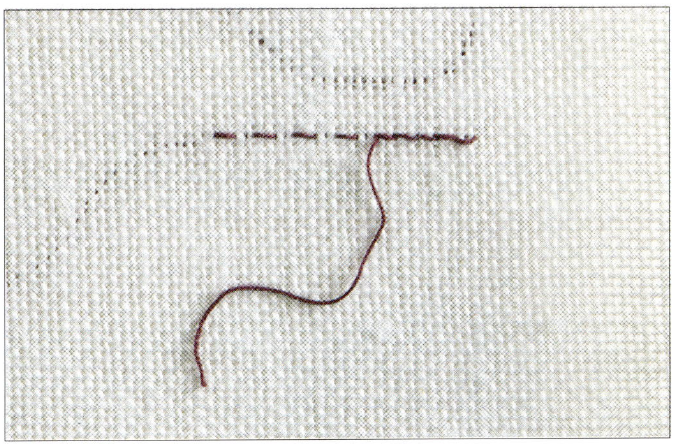

So wird´s gemacht

SYMBOLE

Jedes Zeichen in der Musterzeichnung bedeutet eine Farbe und einen kompletten Kreuzstich. Ist der verwendete Stoff fadengerade gewebt, erreichen Sie im Gegensatz zu den vorgezeichneten Stoffen, bei denen Sie immer ausgleichen müssen, eine exakte Wiedergabe der gezeigten Muster.
Um ein leichteres Lesen der Symbole zu erreichen, wurde in den einzelnen Musterzeichnungen nicht durchgängig das gleiche Symbol für die gleiche Farbe gewählt, sondern immer auf die bessere Unterscheidung geachtet. So können gleiche Symbole von Kranz zu Kranz andere Farben bedeuten.

GRÖSSE UND UMRECHNUNG DER VORLAGEN

Die gewählte Stoffart und die vorgegebenen Muster bestimmen die Größe der Stickerei. Bei Leinen mit zwölf Fäden je Zentimeter erhalten Sie durch das Sticken über zwei Fäden sechs Kreuze je Zentimeter. Wenn Sie also die Größe einer Stickerei feststellen wollen, zählen Sie alle Kästchen der Musterzeichnung, und teilen Sie sie durch sechs. Sie haben dann die reine Stickfläche. Geben Sie immer genügend Stoff zu. Es ist falsch, an dieser Stelle zu sparen. Sie schränken sonst nach Fertigstellung Ihre Wahlmöglichkeiten bei der Rahmung usw. ein. Und sticken Sie immer von der Mitte aus, bzw. zählen Sie von der Mitte aus zu dem gewünschten Anfang. Die Mitte des Stoffs finden Sie durch Falten, die Mitte der Musterzeichnung ist durch Pfeile angegeben. Die Größe und Umrechnung in andere Stoffe ermitteln Sie anhand der Fadenzahl des gewählten Stoffs.

Beispiel: Anzahl der gezeichneten Kästchen in Höhe und Breite: 118 x 92

STOFFE IN	:	cm
10 Fäden	: 5	23,6 x 18,4
12 Fäden	: 6	19,7 x 15,3
14 Fäden	: 7	16,9 x 13,1

Daraus folgt, je weniger Fäden je Zentimeter, desto größer ist das Motiv und umgekehrt. Ich empfehle, keinen feineren Stoff als 14 Fäden je Zentimeter zu verwenden. Der Kreuzstich wirkt mit dem Garn dann zu dick. Bei weniger als neun Fäden je Zentimeter wirkt die Farbgebung blasser, weil der Stoff mehr durchscheint. Man kann dies durch eine kräftigere Farbstufe ausgleichen.

DIE MUSTER

Die Muster sind auf den Seiten 16 bis 61 wiedergegeben. Einige Anregungen für Gebrauchsartikel wurden ebenfalls aufgenommen. Darüber hinaus haben Sie die Möglichkeit, den Entwürfen einzelne

Formen oder Blüten für weitere Arbeiten zu entnehmen. Die Planung für größere Arbeiten mit Einzelmotiven können Sie gut auf kariertem Papier vornehmen. Um die Verteilung der Einzelmotive zu planen, sehen Sie für jeden Stich ein Kästchen vor und zeichnen sich die Aufteilung in dieser Art ein. Die Ausmalung mit Buntstiften hilft bei der Prüfung, ob das Werk später harmonisch wirkt.

LICHT

Gutes Licht ist für eine feine Stickerei unerläßlich! Wenn bei Tageslicht nicht gestickt werden kann, benötigen Sie mindestens eine 75-Watt-Birne, am besten Halogenlicht, als Lichtquelle, von hinten über der Schulter. Bei hellem Trägerstoff legen Sie ein dunkles Tuch auf Ihre Knie; die Fäden des Trägerstoffs sind so besser zu zählen. Ich habe darauf in vielen meiner Bücher hingewiesen, und für die meisten werden die Tips eine Selbstverständlichkeit sein. Trotzdem sind diese Hilfen für unerfahrene Stickerinnen und Sticker unerläßlich! Und will trotz allem guten Licht das Auge nicht mehr so mitmachen, gibt es nur den Weg zum Augenarzt und die geeignete Brille. Eine Lupe sollte erst eingesetzt werden, wenn auch das nicht mehr hilft.

So geht´s weiter

AUFBEWAHRUNG

Ein wichtiger Hinweis sei noch für die Aufbewahrung angefangener Stickereien gegeben. Unsere Luftverschmutzung ist so stark, daß offen liegende Stickereien leicht grau und schmutzig werden. Schlagen Sie daher nach jedem Sticken den freien Stoff über das Stickbild, und verwahren Sie die Stickereien in einer Tüte oder einem Behälter. Vergessen Sie nicht, sich auch während des Stickens hin und wieder die Hände zu waschen. Dann färbt auch der normale Fingerschweiß nicht ab. Ob die Stickerei ganz sauber ist, können Sie leicht erkennen, wenn Sie nach Fertigstellung Ihrer Arbeit ein weißes Blatt Papier unter der Stickerei durchführen. Und wenn es passiert ist, hilft nur noch Waschen!

AUFBEREITUNG UND WÄSCHE

Nach Beendigung der Stickerei sprühen Sie diese mit einer guten Reisstärke ohne chemische Beimittel rückseitig ein und bügeln sie auf einer weichen Unterlage von der Rückseite trocken.
Die Bildseiten sollten Sie nur auf den freien Stoffflächen bügeln. Sollte Waschen notwendig sein, müssen Sie die Stickerei beim ersten Mal mit 60C° unter Verwendung von Feinwaschmitteln ohne optische Aufheller waschen. Die Farben sind dann fixiert. Danach ist von Kaltwäsche bis Kochen, sofern es das Trägermaterial zuläßt, alles möglich.

ZUBEHÖR

Zubehör, das nicht im breiten Handarbeitshandel erhältlich ist, können Sie in jedem Fall bei den Fachgeschäften erhalten, die die Vertretung der Uhlenhof-Stickereien haben. Das gilt für die verwendeten Fertigartikel und die Schrägschnittpassepartouts ebenso wie für die farblich abgestimmten Bilderrahmen. In jedem Fall hat sich der Hersteller verpflichtet, Ihnen auf Anfrage eine Bezugsquelle nachzuweisen.

PASSEPARTOUTS UND RAHMEN

Bei Rahmungen verwenden Sie auf keinen Fall Mattglas. Die Stickerei wirkt unter diesem Glas verwaschen. Gerahmte Stickerei sollten Sie in jedem Fall unter Glas schützen. Unsere angereicherte Luft läßt die Stickerei schnell verschmutzen. Vermeiden Sie außerdem die Einwirkung von direktem Sonnenlicht, wenn die Farben nicht vorher durch Wäsche fixiert sind; sie könnten ausbleichen.
Die verwendeten Doppelpassepartouts sind mit den Bilderrahmen genau auf die Stickerei abgestimmt. Auf Seite 63 sehen Sie in einer Übersicht Bezeichnungen, Größen und Farben. Sollten Sie diese Artikel in Ihrem Fachgeschäft nicht erhalten, wenden Sie sich direkt an den Hersteller.
Er wird Ihnen eine Bezugsquelle nennen oder Ihre Bestellung direkt an das nächste oder zuständige Fachgeschäft weiterleiten.

Veilchen

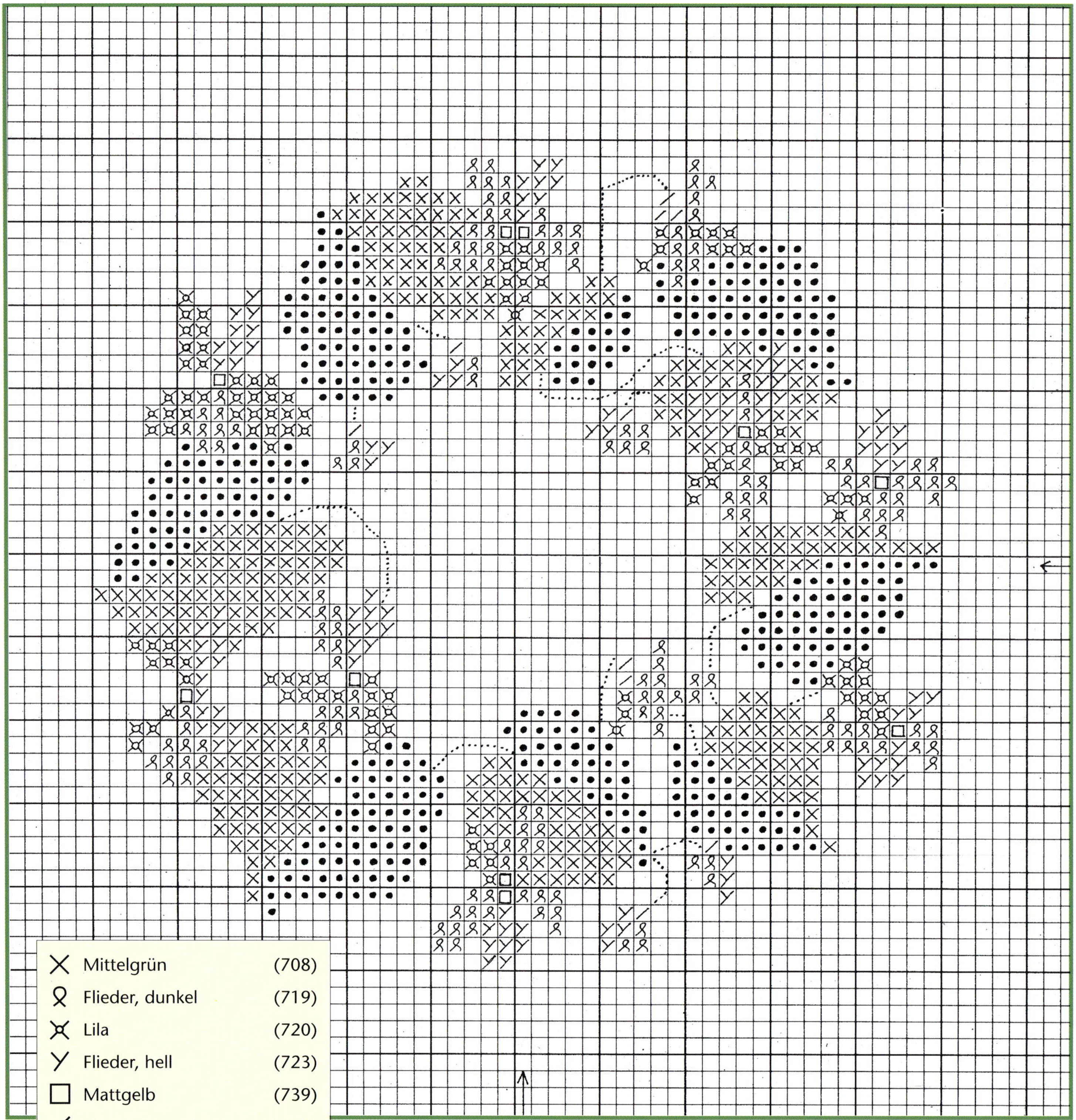

Mittelgrün	(708)
Flieder, dunkel	(719)
Lila	(720)
Flieder, hell	(723)
Mattgelb	(739)
Graugrün, zart	(762)
Lindgrün	(773)
Steppstich Dunkeloliv	(763)

Frühlingsenzian

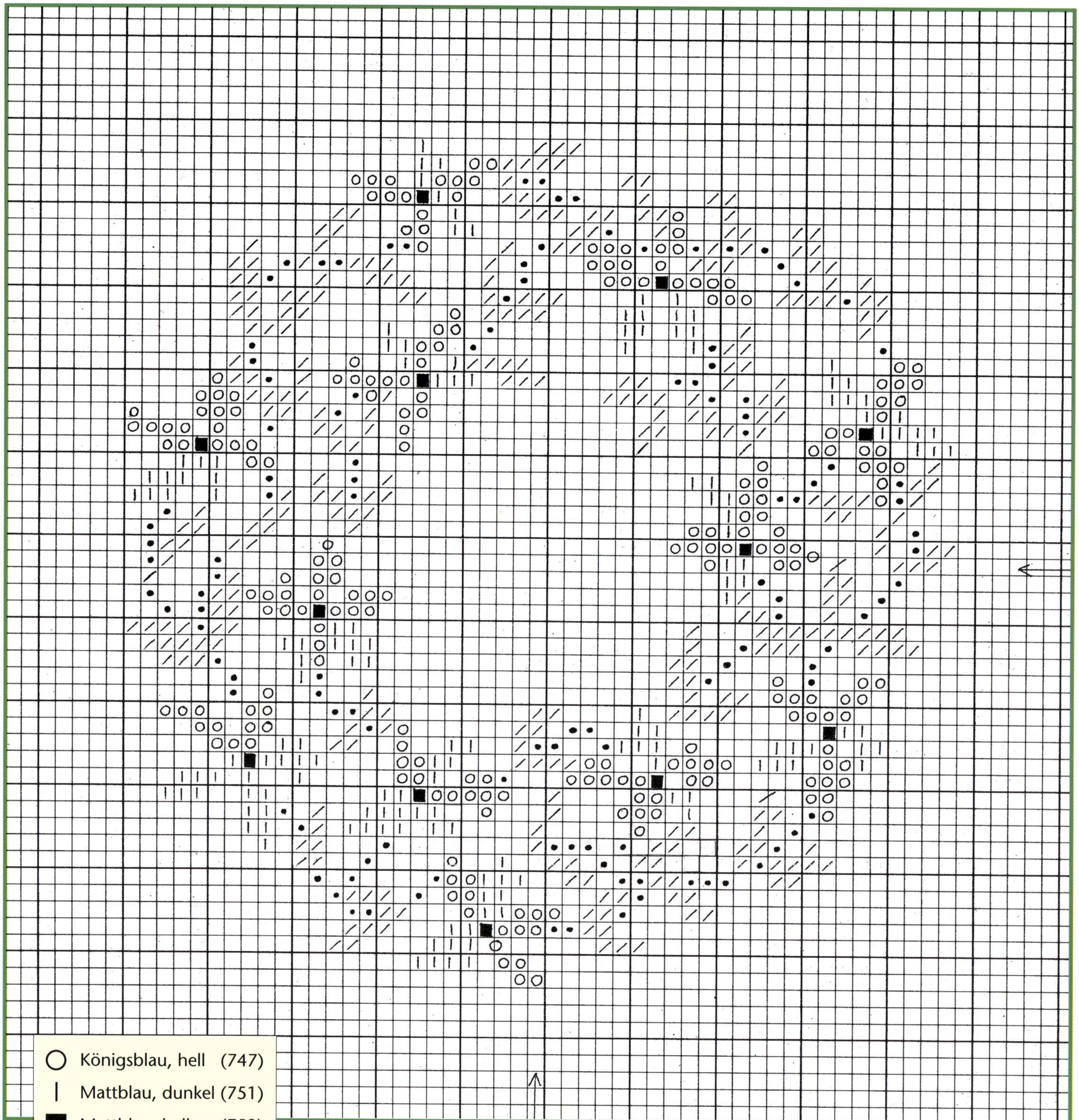

○	Königsblau, hell	(747)
|	Mattblau, dunkel	(751)
■	Mattblau, hell	(753)
•	Weinrot	(761)
/	Lindgrün	(773)

Klee

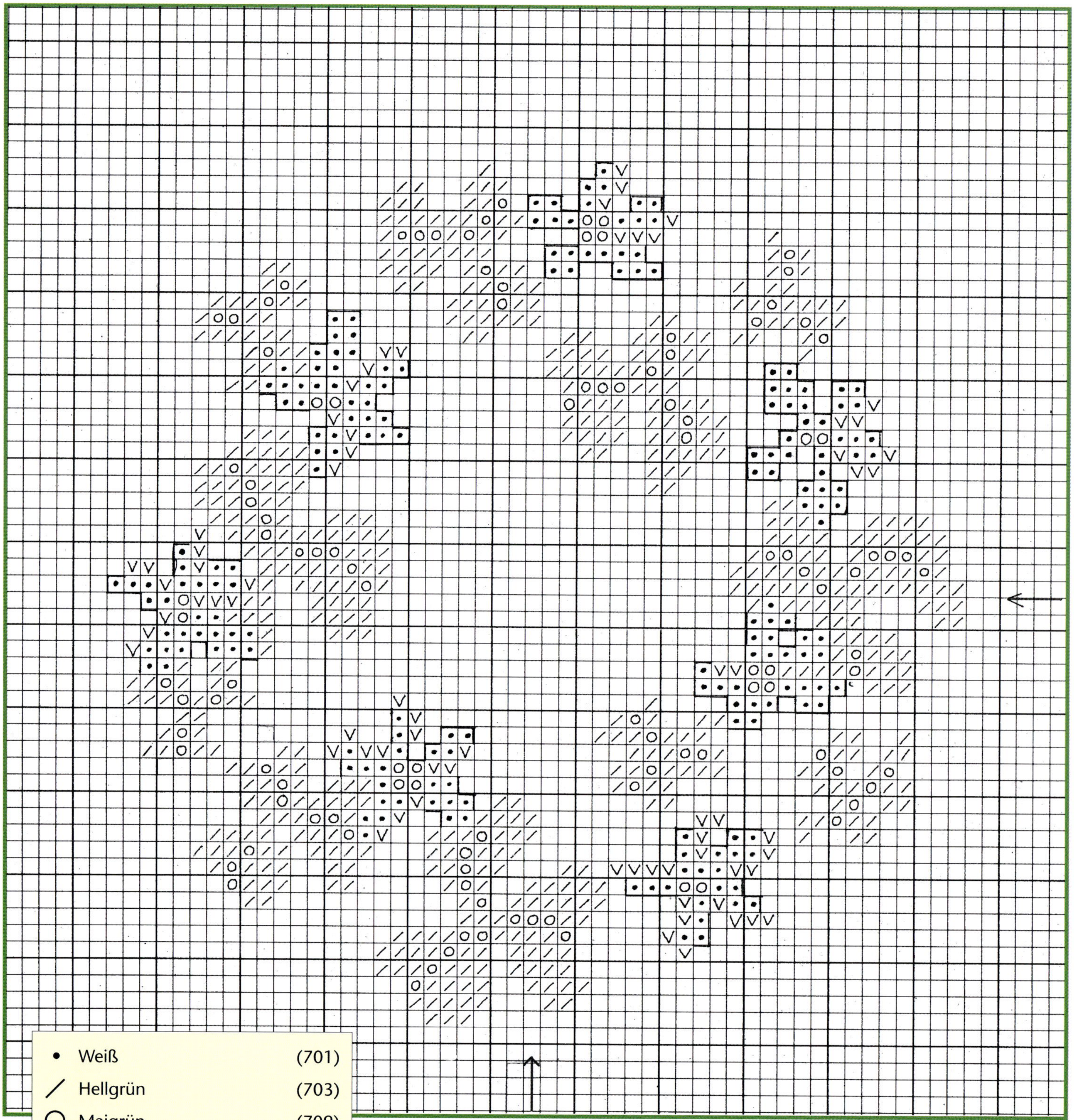

•	Weiß	(701)
/	Hellgrün	(703)
O	Maigrün	(709)
V	Graubeige, hell	(755)
—	Steppstich Graubeige, hell	(755)

Löwenzahn

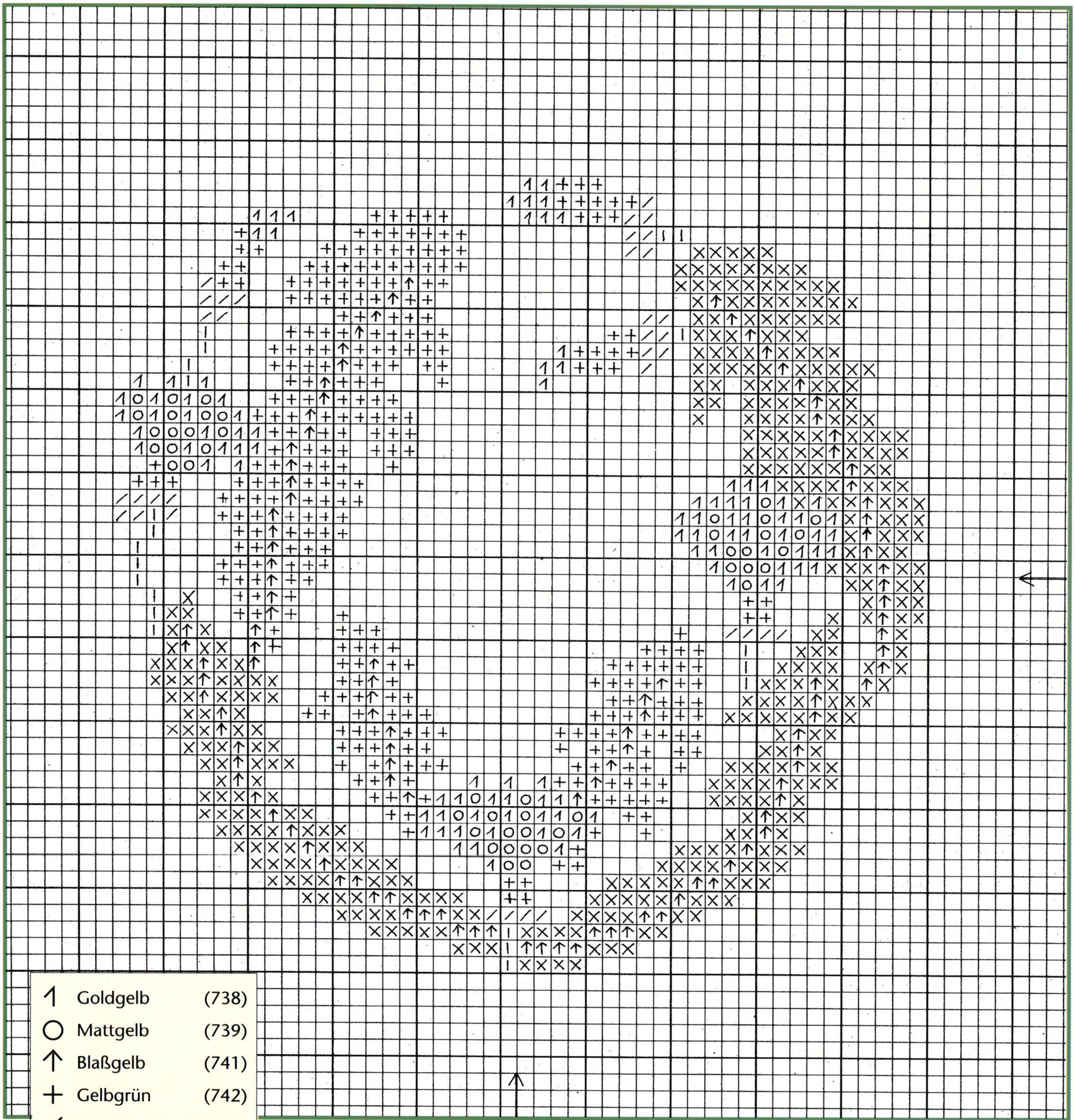

1	Goldgelb	(738)
○	Mattgelb	(739)
↑	Blaßgelb	(741)
+	Gelbgrün	(742)
/	Graugrün, zart	(762)
I	Lachs	(766)
×	Lindgrün	(773)

Stiefmütterchen

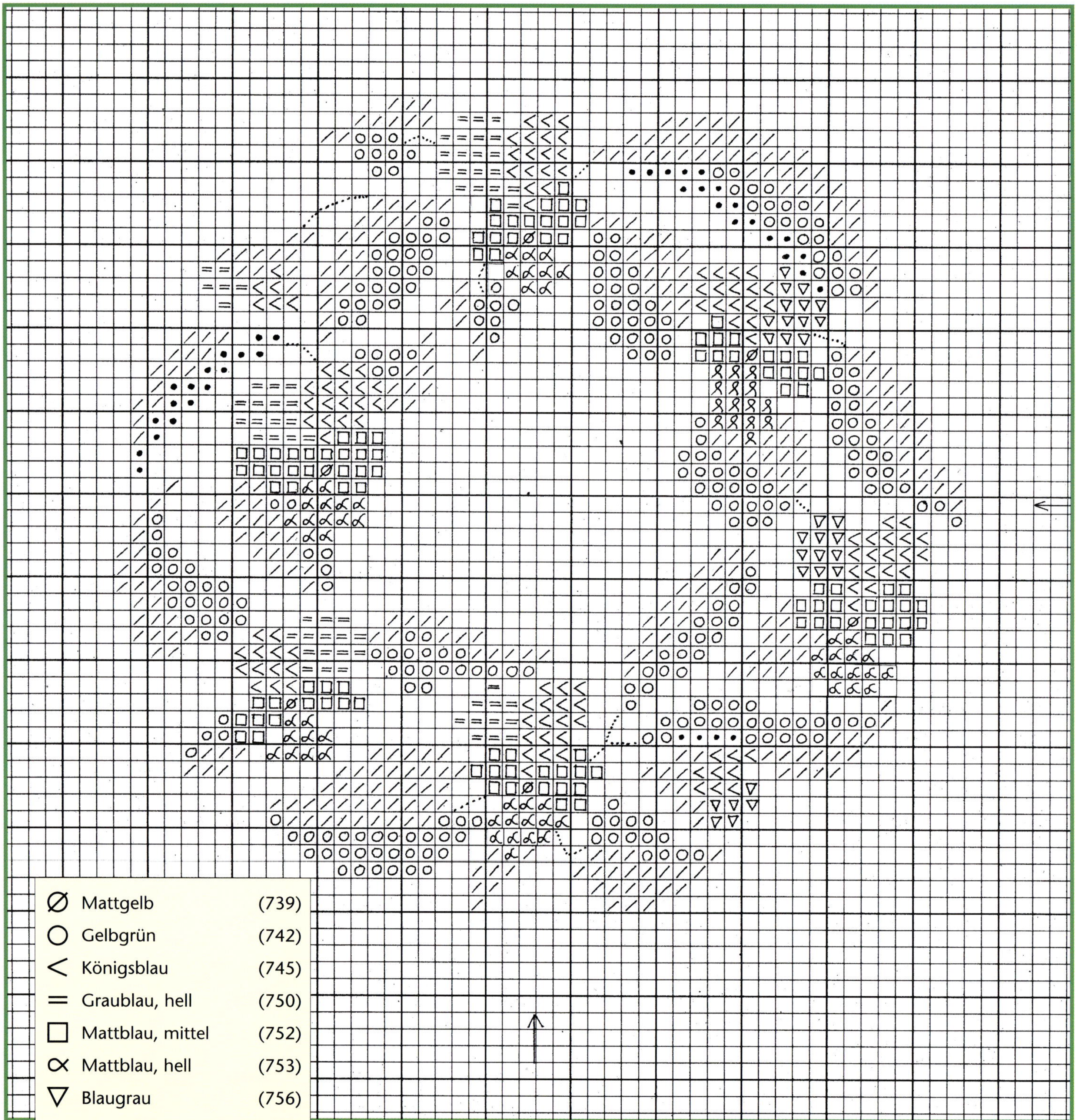

Symbol	Farbe	Nr.
Ø	Mattgelb	(739)
○	Gelbgrün	(742)
<	Königsblau	(745)
=	Graublau, hell	(750)
□	Mattblau, mittel	(752)
∝	Mattblau, hell	(753)
▽	Blaugrau	(756)
•	Graugrün, zart	(762)
/	Lindgrün	(773)
····	Steppstich Dunkeloliv	(763)

Heckenrose

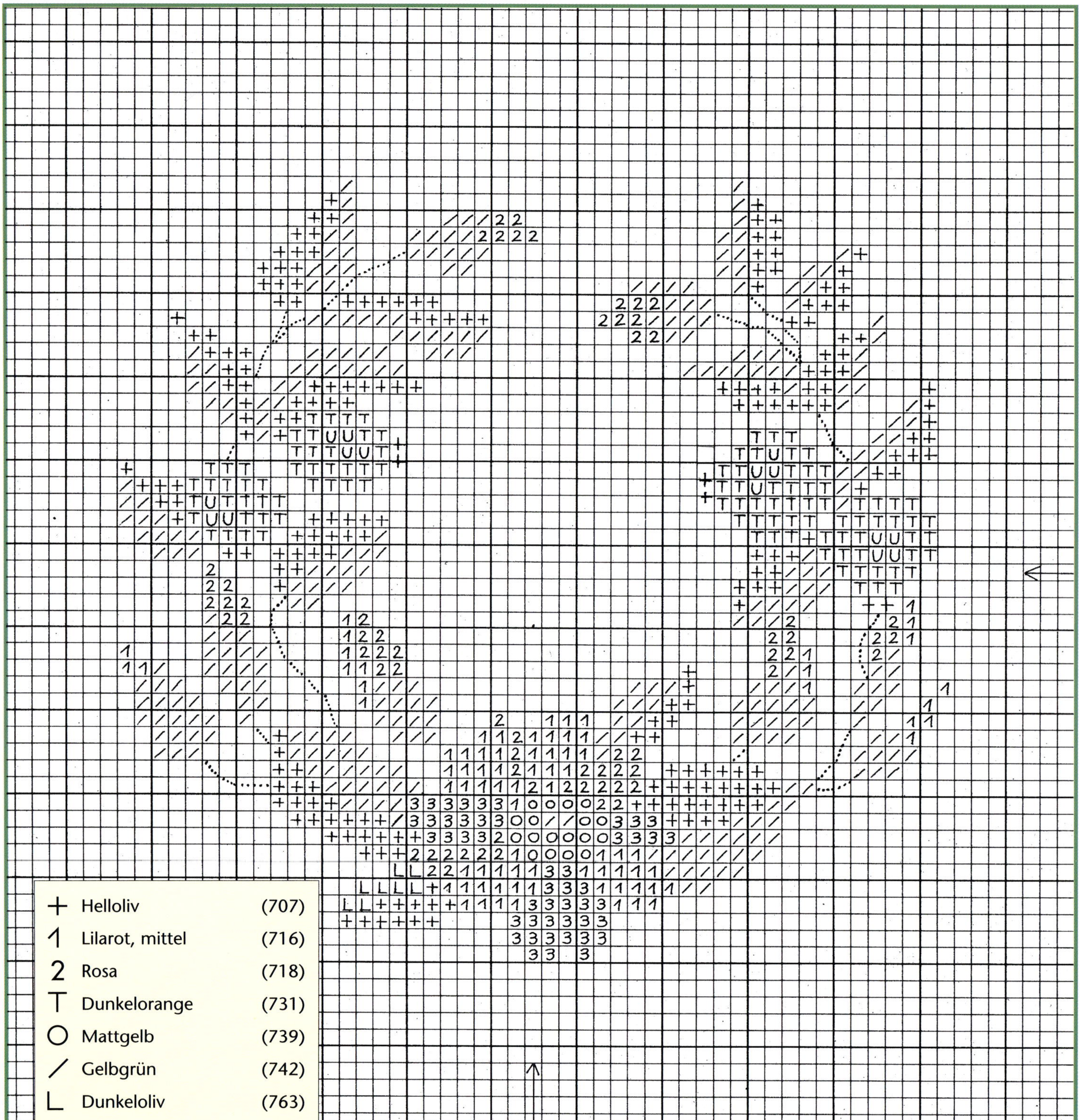

+	Helloliv	(707)
1	Lilarot, mittel	(716)
2	Rosa	(718)
T	Dunkelorange	(731)
O	Mattgelb	(739)
/	Gelbgrün	(742)
L	Dunkeloliv	(763)
U	Lachs	(766)
3	Hellrosa	(770)
····	Steppstich Dunkeloliv	(763)

Lichtnelke

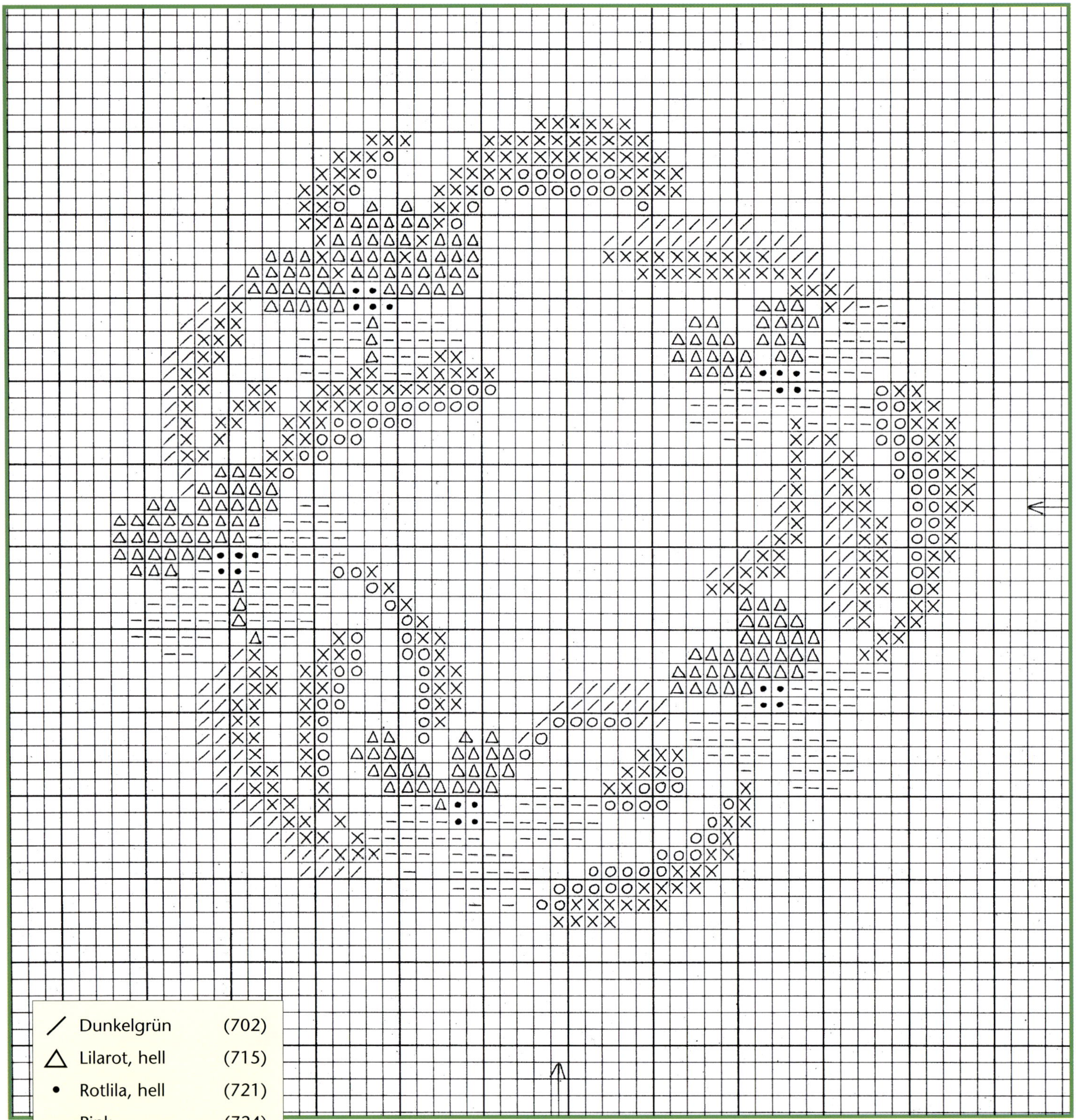

Symbol	Farbe	Nr.
/	Dunkelgrün	(702)
△	Lilarot, hell	(715)
•	Rotlila, hell	(721)
—	Pink	(724)
✕	Graugrün, mittel	(760)
○	Graugrün, zart	(762)

Schlafmohn

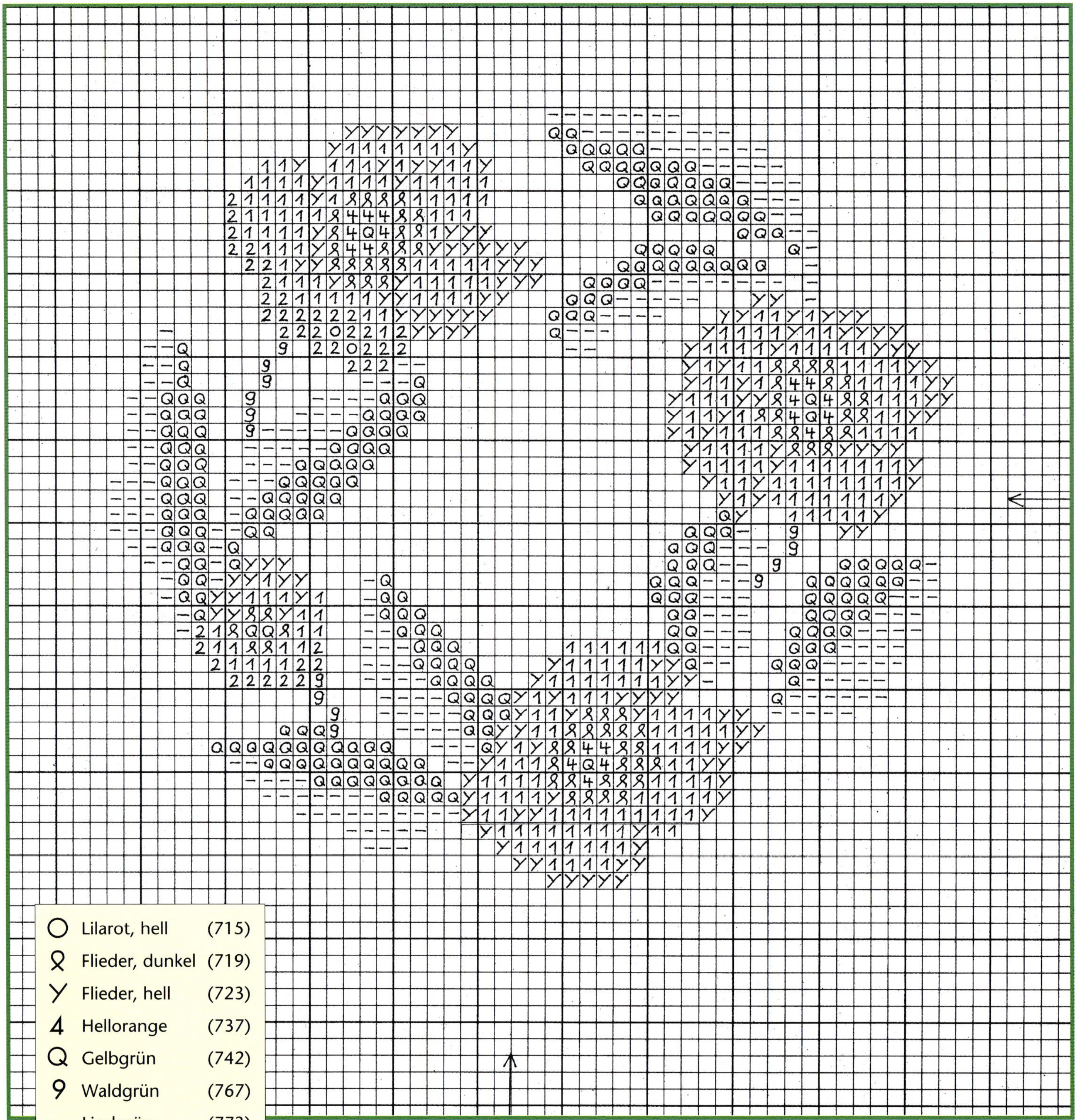

O	Lilarot, hell	(715)
Ձ	Flieder, dunkel	(719)
Y	Flieder, hell	(723)
4	Hellorange	(737)
Q	Gelbgrün	(742)
9	Waldgrün	(767)
—	Lindgrün	(773)
1	Blaßrosa	(774)
2	Flieder, mittel	(778)

Fuchsie

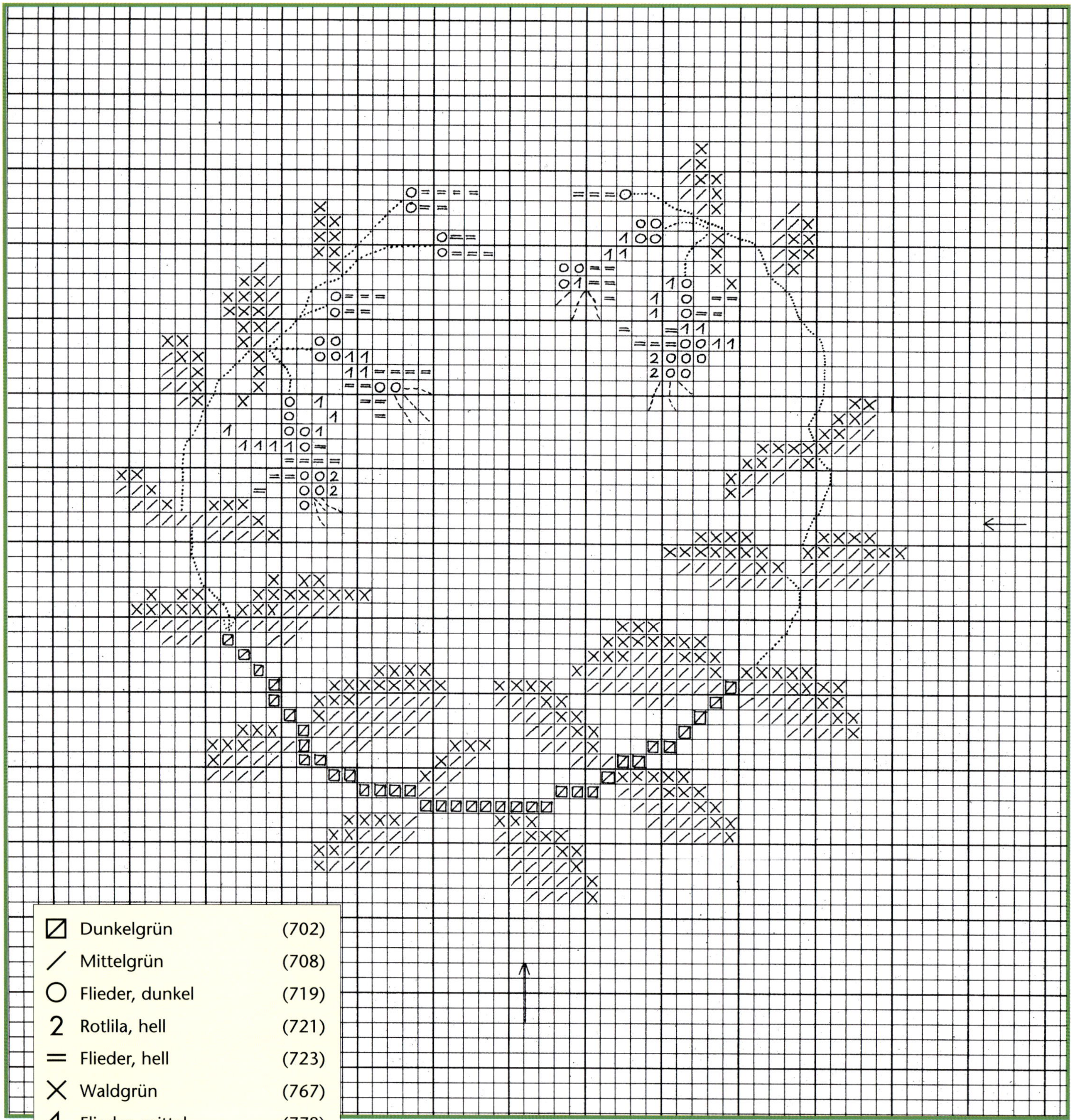

◪	Dunkelgrün	(702)
/	Mittelgrün	(708)
○	Flieder, dunkel	(719)
2	Rotlila, hell	(721)
=	Flieder, hell	(723)
×	Waldgrün	(767)
1	Flieder, mittel	(778)
····	Steppstich Dunkelgrün	(702)
--	Steppstich Flieder, mittel	(778)

Rose

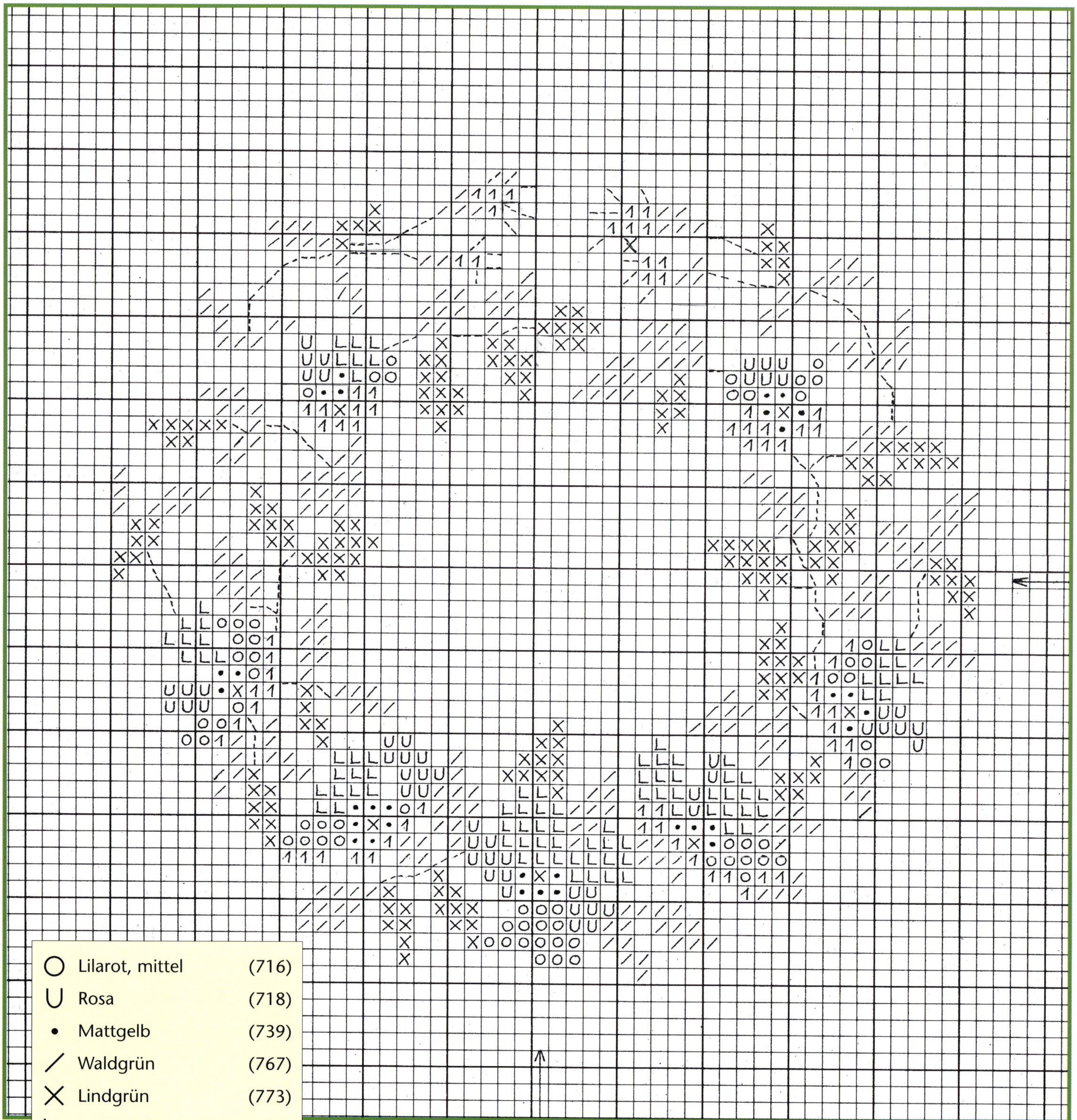

○	Lilarot, mittel	(716)
U	Rosa	(718)
•	Mattgelb	(739)
/	Waldgrün	(767)
X	Lindgrün	(773)
L	Blaßrosa	(774)
1	Rot, leuchtend	(776)
--	Steppstich Waldgrün	(767)

Erdbeere

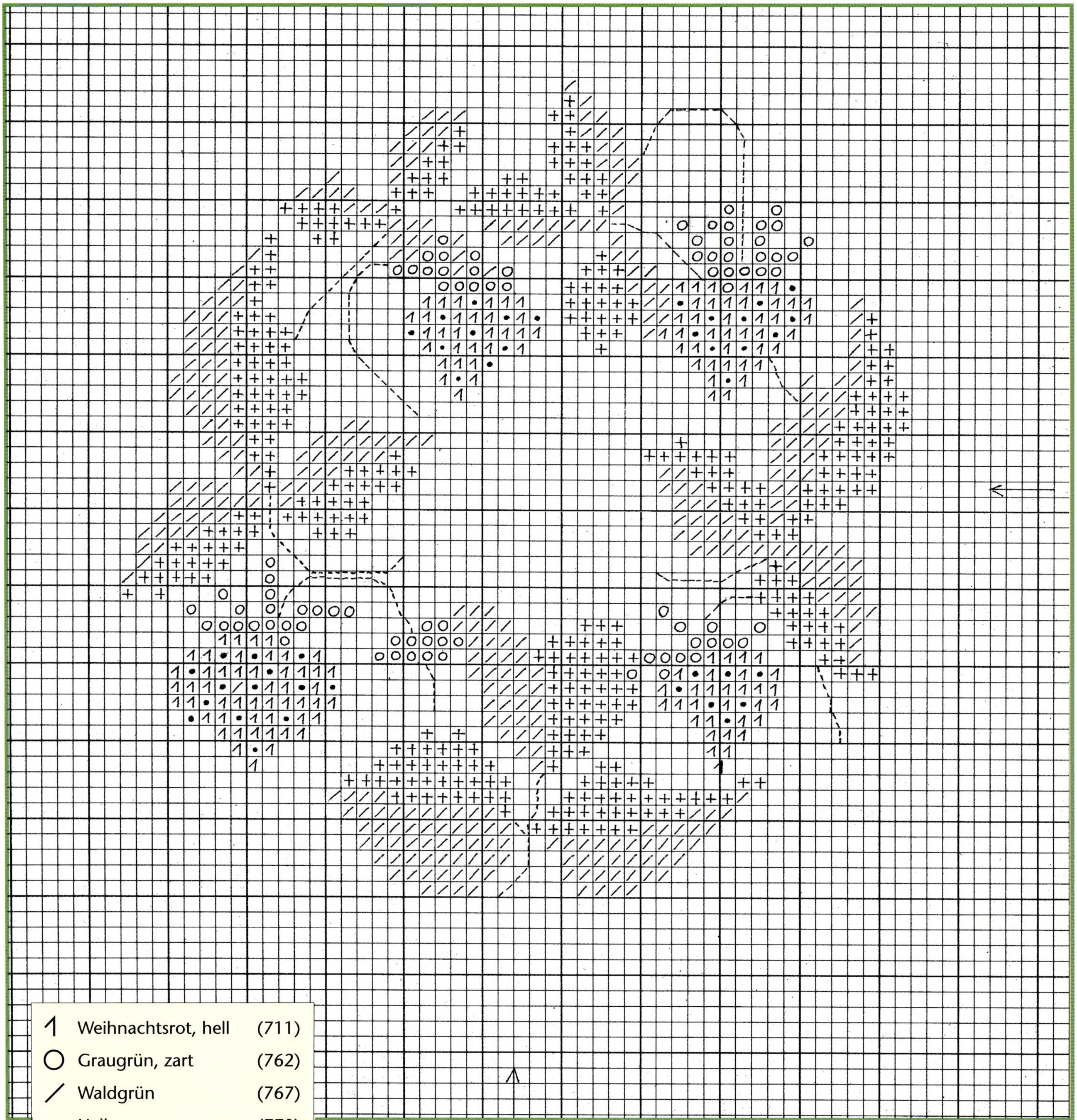

1	Weihnachtsrot, hell	(711)
O	Graugrün, zart	(762)
/	Waldgrün	(767)
•	Hellrosa	(770)
+	Lindgrün	(773)
--	Steppstich Waldgrün	(767)

Himbeere

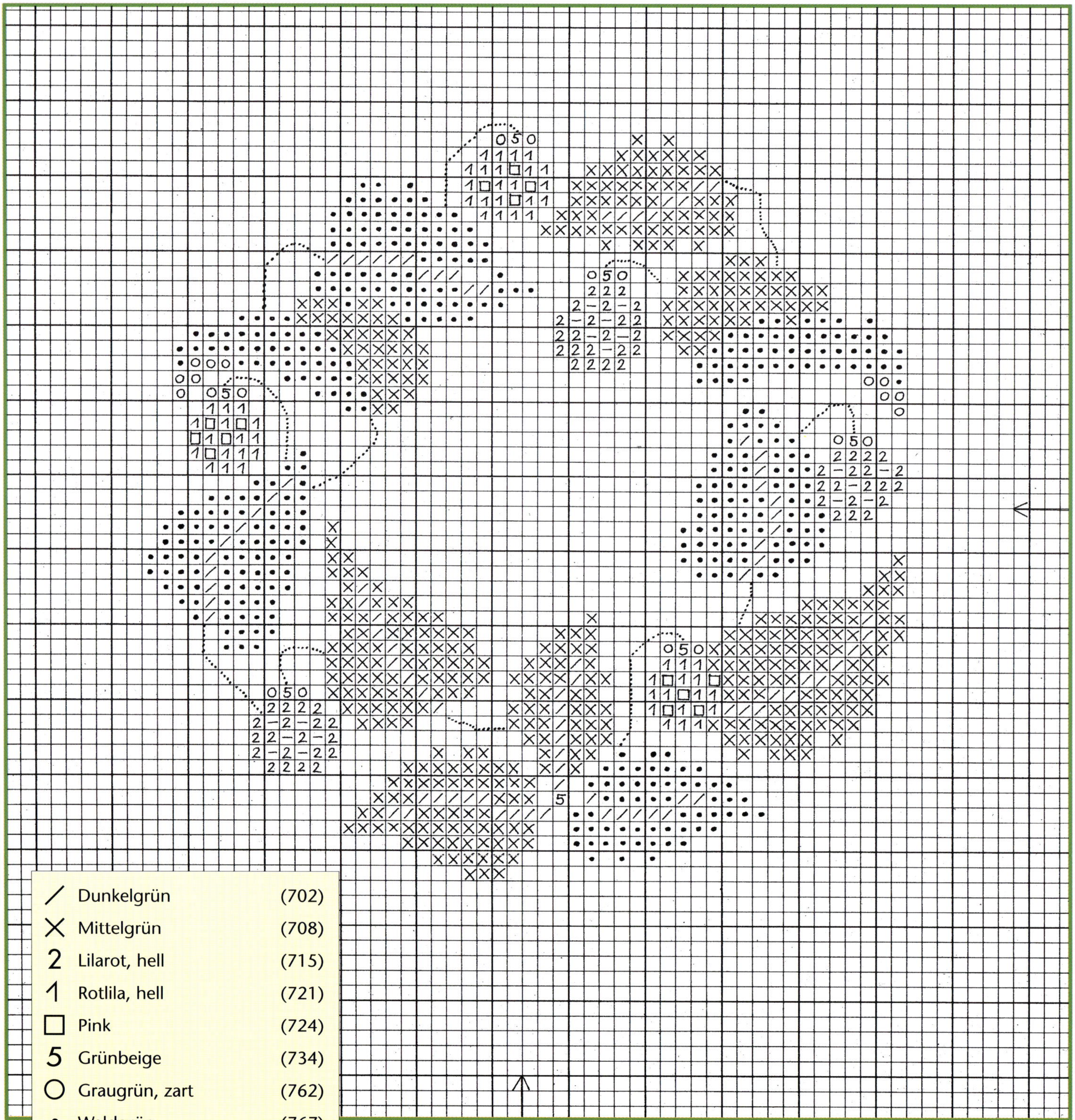

/	Dunkelgrün	(702)
X	Mittelgrün	(708)
2	Lilarot, hell	(715)
1	Rotlila, hell	(721)
□	Pink	(724)
5	Grünbeige	(734)
O	Graugrün, zart	(762)
•	Waldgrün	(767)
—	Hellrosa	(770)
····	Steppstich Dunkelgrün	(702)

Brombeere

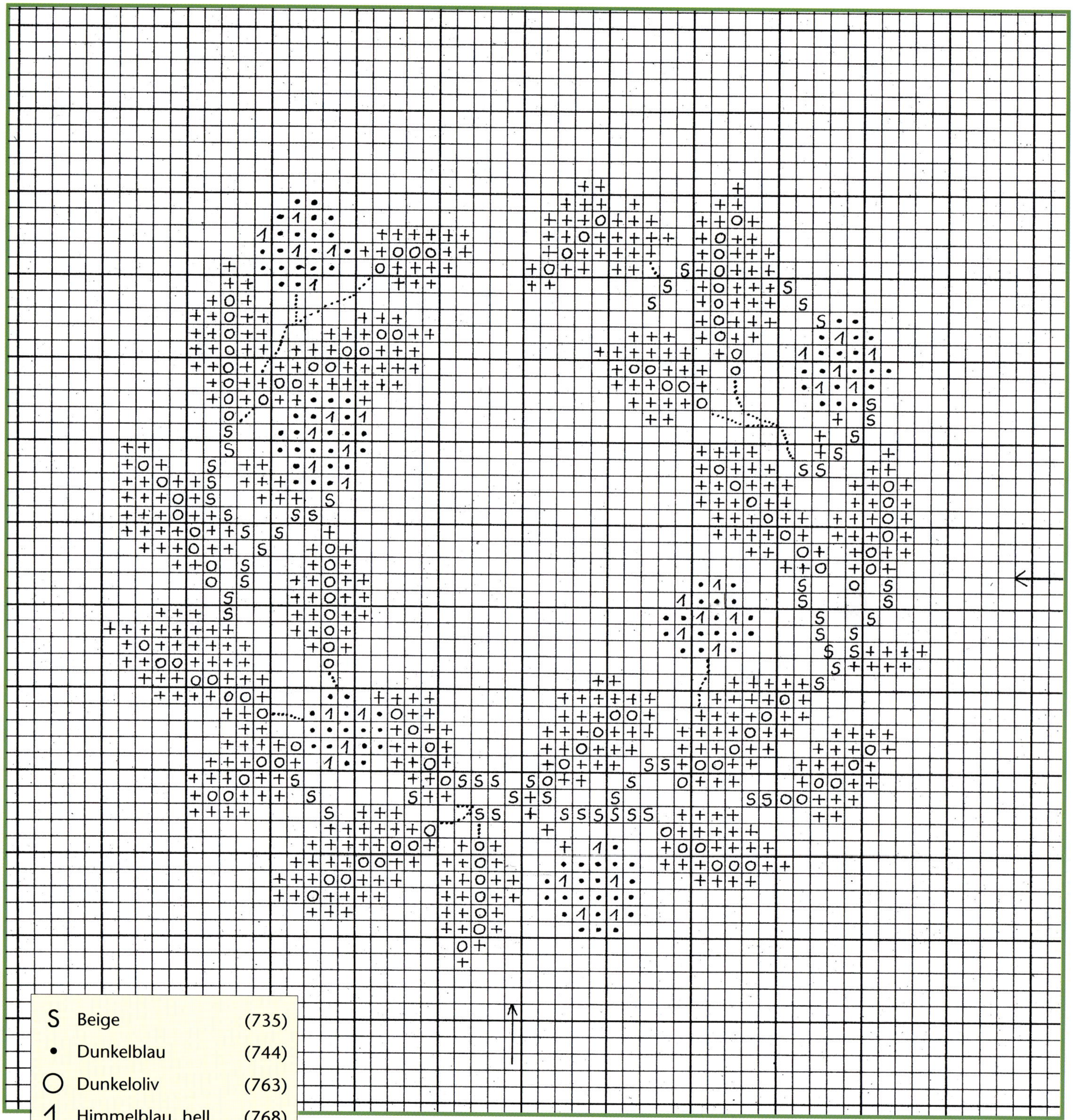

S	Beige	(735)
•	Dunkelblau	(744)
O	Dunkeloliv	(763)
1	Himmelblau, hell	(768)
+	Lindgrün	(773)
····	Steppstich Lindgrün	(773)

Rosenmalve

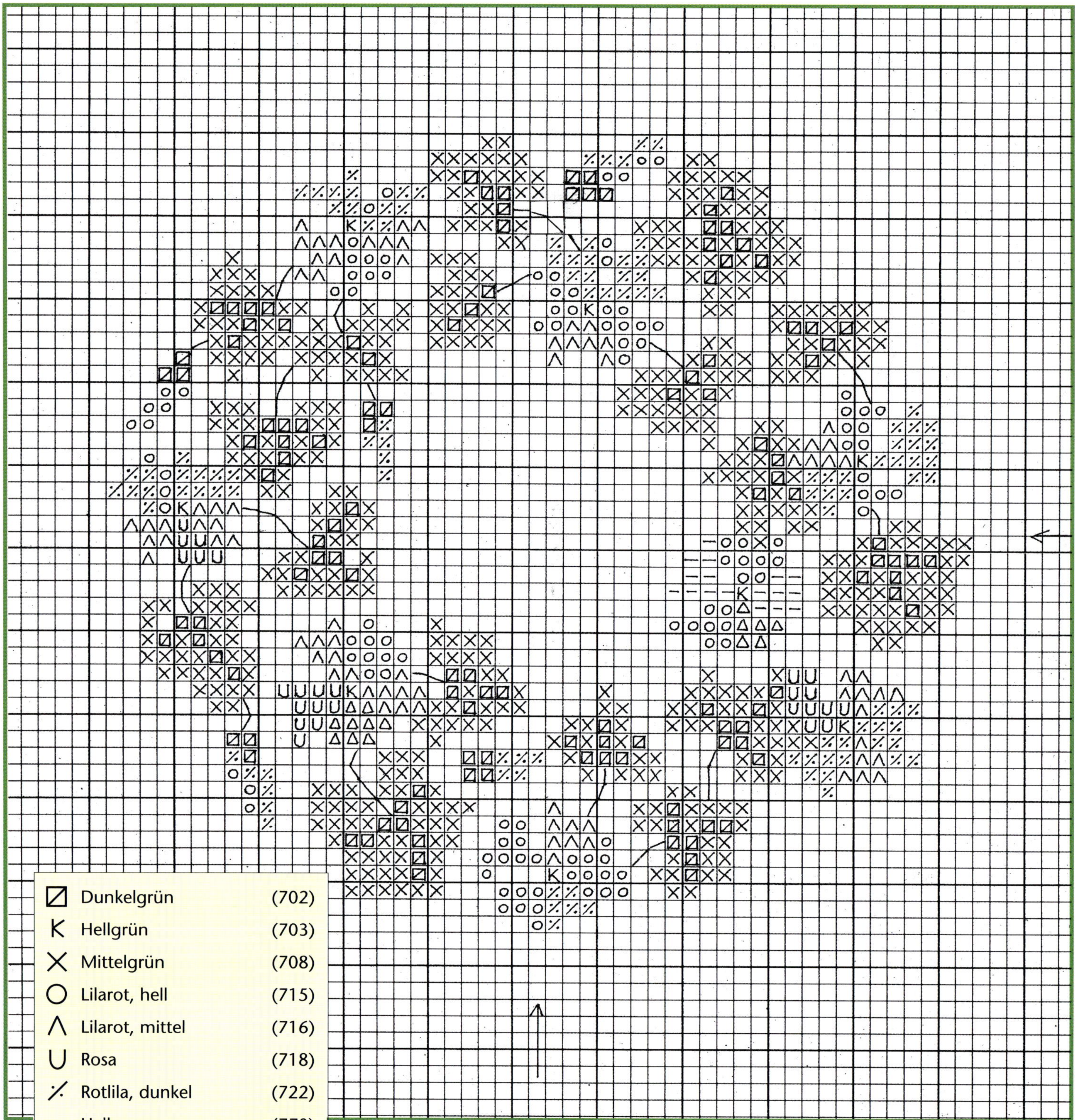

⧄	Dunkelgrün	(702)
K	Hellgrün	(703)
╳	Mittelgrün	(708)
○	Lilarot, hell	(715)
Λ	Lilarot, mittel	(716)
U	Rosa	(718)
⁒	Rotlila, dunkel	(722)
—	Hellrosa	(770)
△	Blaßrosa	(774)
⁄	Steppstich Dunkelgrün	(702)

Efeu

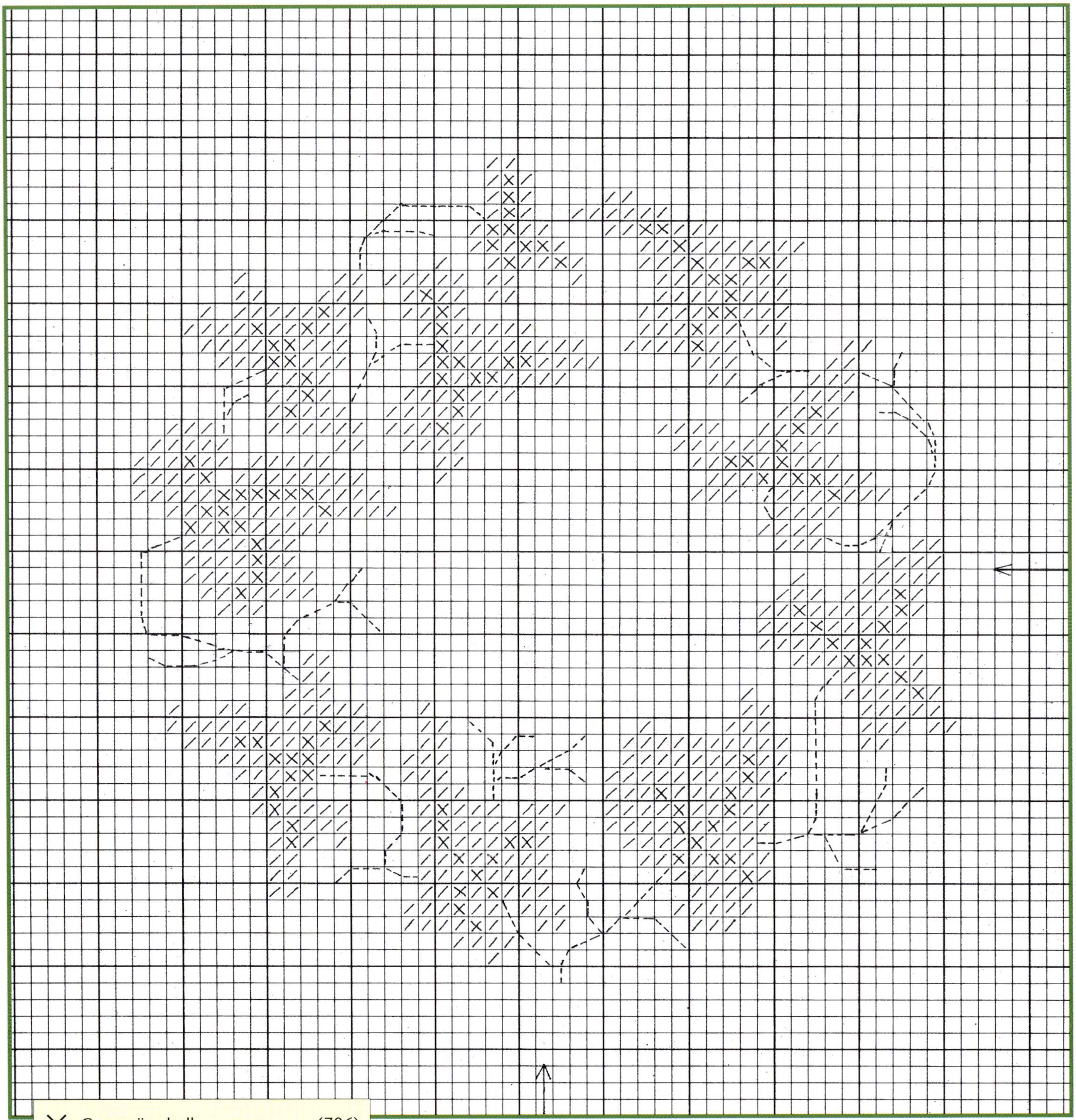

X	Graugrün, hell	(706)
/	Graugrün, dunkel	(782)
--	Steppstich Graugrün, dunkel	(782)

Olive

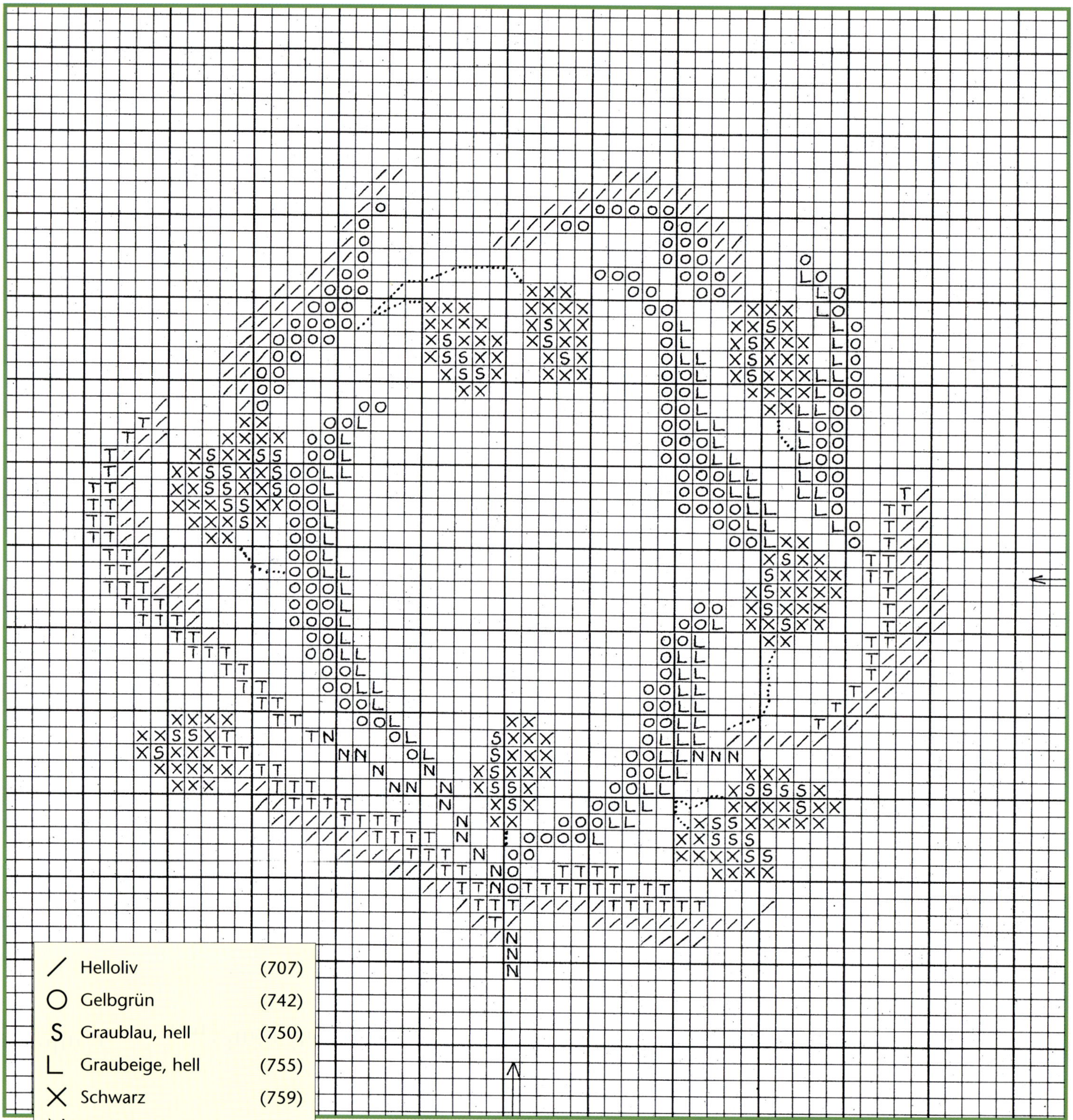

/	Helloliv	(707)
O	Gelbgrün	(742)
S	Graublau, hell	(750)
L	Graubeige, hell	(755)
X	Schwarz	(759)
N	Dunkeloliv	(763)
T	Hellgrau	(765)
····	Steppstich Dunkeloliv	(763)

Eichenkranz

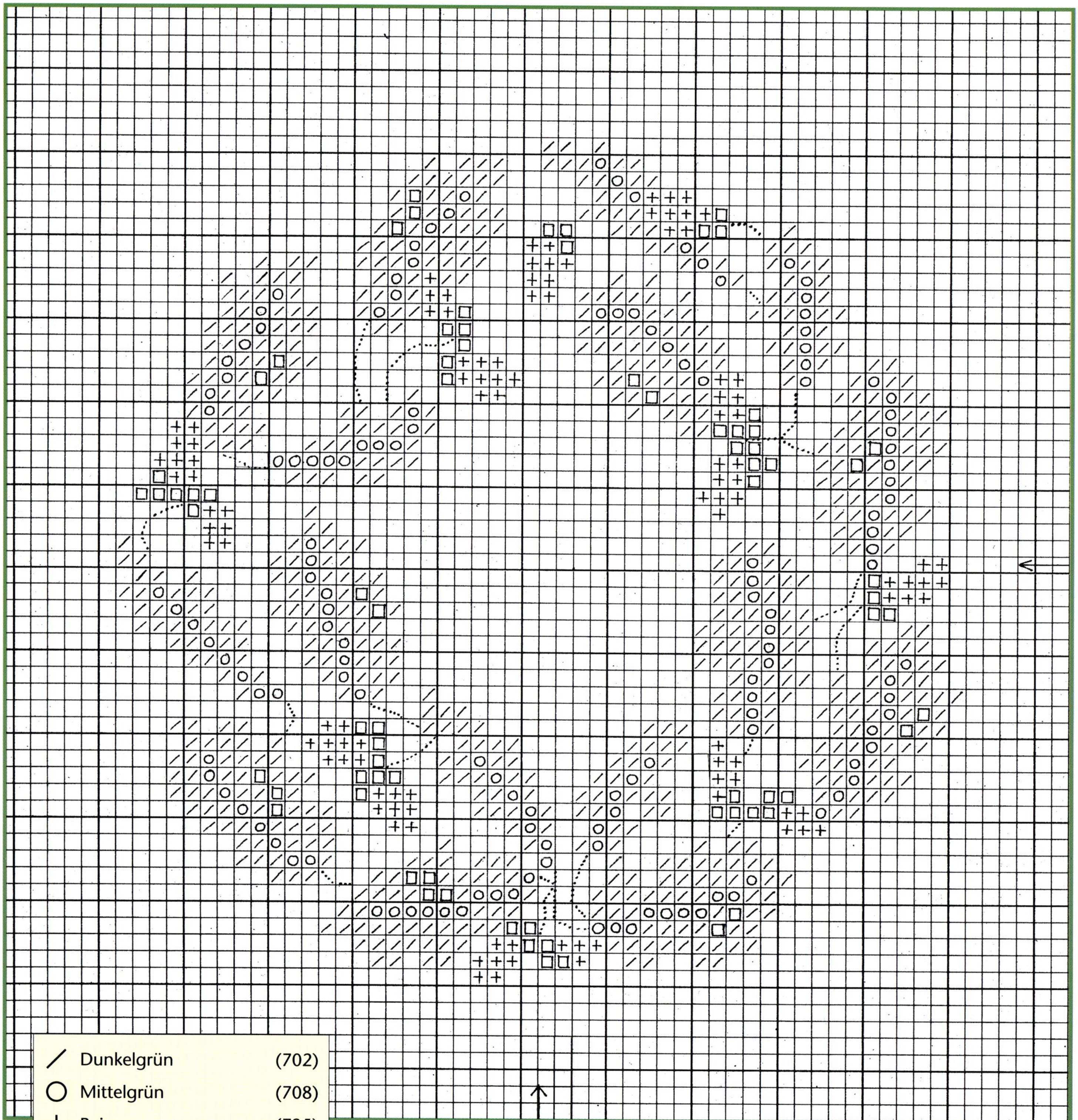

/	Dunkelgrün	(702)
○	Mittelgrün	(708)
+	Beige	(735)
□	Graugrün, zart	(762)
····	Steppstich Dunkelgrün	(702)

Hagebutte

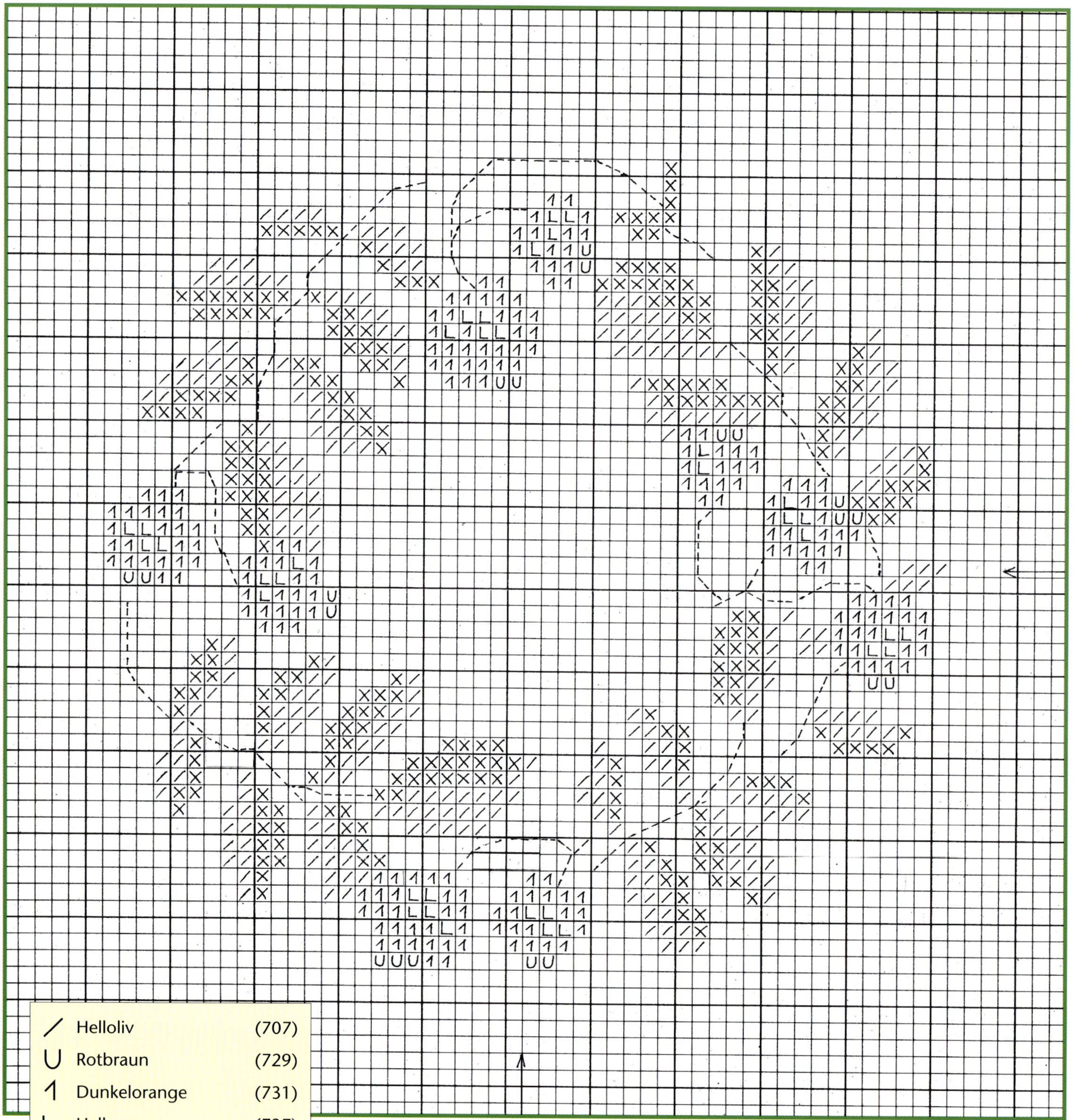

⁄	Helloliv	(707)
U	Rotbraun	(729)
1	Dunkelorange	(731)
L	Hellorange	(737)
X	Gelbgrün	(742)
--	Steppstich Dunkeloliv	(763)

Ilex

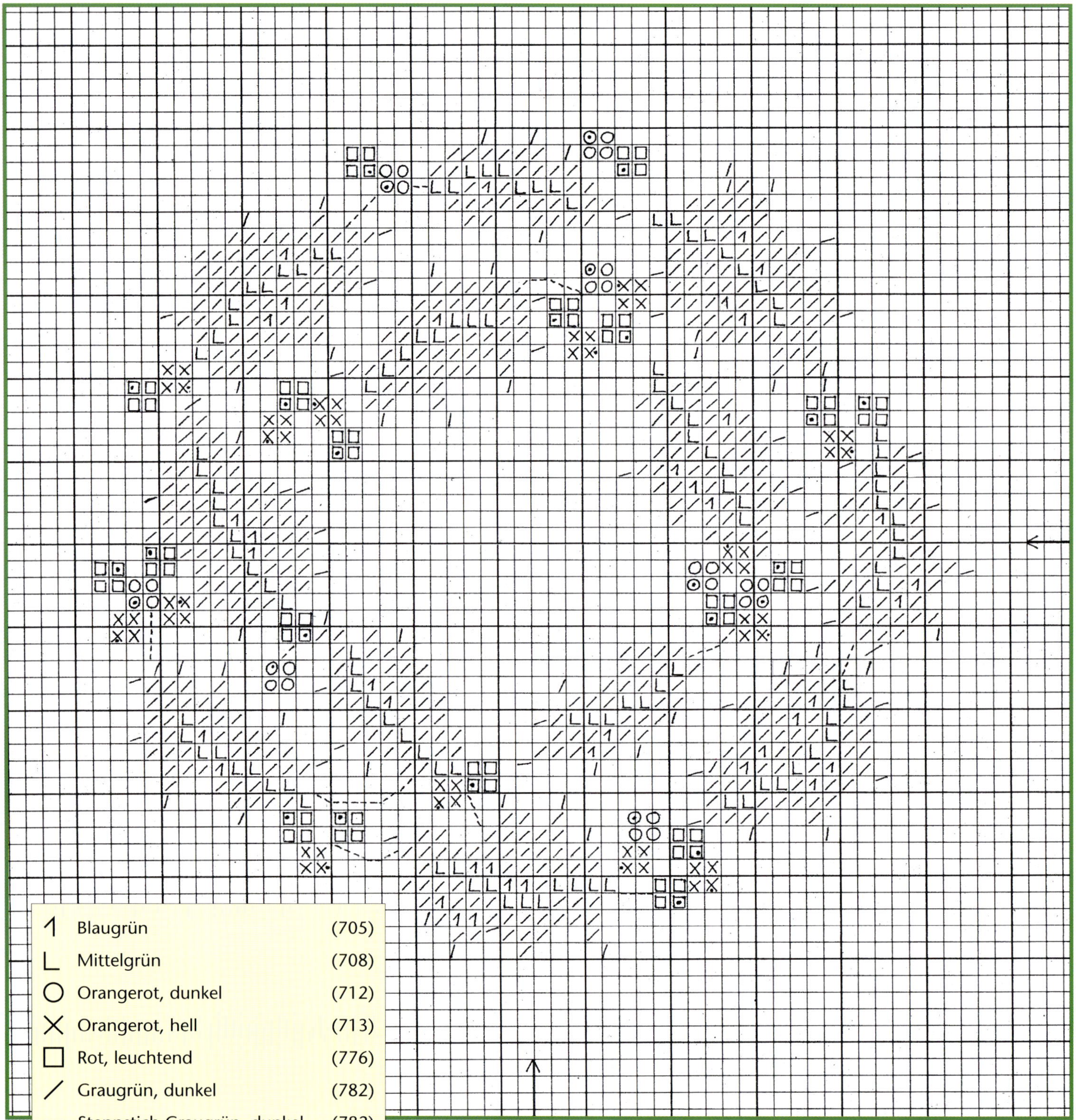

1	Blaugrün	(705)
L	Mittelgrün	(708)
○	Orangerot, dunkel	(712)
✕	Orangerot, hell	(713)
□	Rot, leuchtend	(776)
/	Graugrün, dunkel	(782)
- -	Steppstich Graugrün, dunkel	(782)
····	Steppstich über einem Schenkel schwarz	(759)

Weihnachtskranz

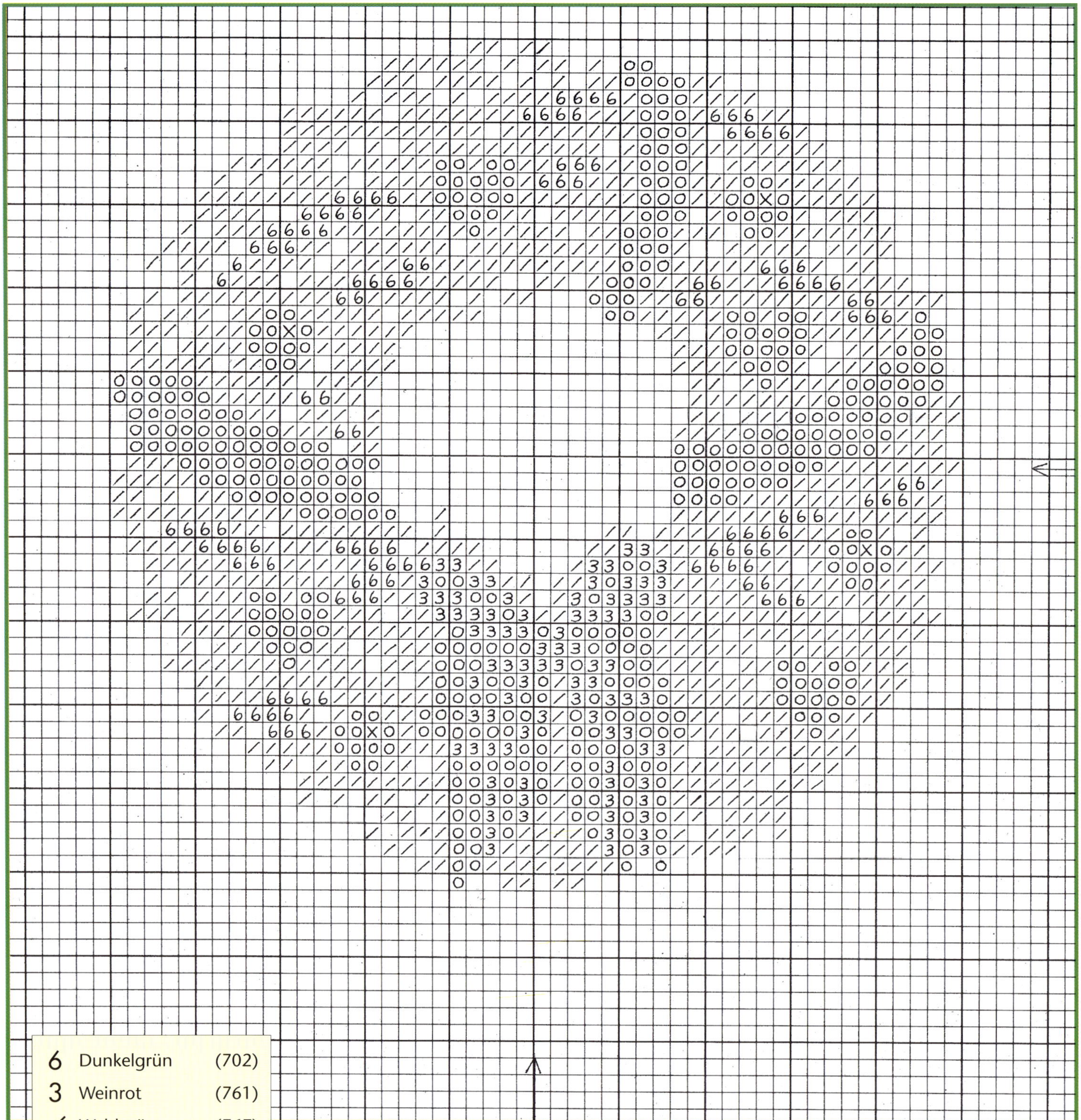

6	Dunkelgrün	(702)
3	Weinrot	(761)
/	Waldgrün	(767)
X	Blaßrosa	(774)
O	Rot, leuchtend	(776)

Farbliste der HD-Garne von Uhlenhof-Stickereien

700	Natur
701	Weiß
702	Dunkelgrün
703	Hellgrün
704	Leuchtendgrün
705	Blaugrün
706	Graugrün, hell
707	Helloliv
708	Mittelgrün
709	Maigrün
710	Weihnachtsrot
711	Weihnachtsrot, hella
712	Orangerot, dunkel
713	Orangerot, hell
714	Orangerot, mittel
715	Lilarot, hell
716	Lilarot, mittel
717	Lilarot, dunkel
718	Rosa
719	Flieder, dunkel
720	Lila
721	Rotlila, hell
722	Rotlila, dunkel
723	Flieder, hell
724	Pink
725	Schwarzbraun
726	Dunkelbraun
727	Mittelbraun
728	Hellbraun
729	Rotbraun
730	Braunorange
731	Dunkelorange
732	Orange, mittel
733	Mandarine
734	Grünbeige
735	Beige
736	Hellbeige
737	Hellorange
738	Goldgelb
739	Mattgelb
740	Hellgelb
741	Blaßgelb
742	Gelbgrün
743	Helltürkis
744	Dunkelblau
745	Königsblau
746	Türkisblau
747	Königsblau, hell
748	Türkisblau, hell
749	Dunkeltürkis
750	Graublau, hell
751	Mattblau, dunkel
752	Mattblau mittel
753	Mattblau, hell
754	Graubeige
755	Graubeige, hell
756	Blaugrau
757	Mittelgrau
758	Grüngrau
759	Schwarz
760	Graugrün, mittel
761	Weinrot
762	Graugrün, zart
763	Dunkeloliv
764	Mittelgrau, dunkel
765	Hellgrau
766	Lachs
767	Waldgrün
768	Himmelblau, hell
769	Hautton
770	Hellrosa
771	Blaulila, hell
772	Blaulila, dunkel
773	Lindgrün
774	Blaßrosa
775	Cremegelb
776	Rot, leuchtend
777	Blaulila mittel
778	Flieder, mittel
779	Königsblau, leuchtend
780	Graphit
781	Türkisgrün
782	Graugrün, dunkel
783	Blaugrün, dunkel

Muster und Materialien

	Rahmengrößen 15 x 15 cm Farbe	Passepartout Ausschnitt 9 x 9 cm/ Farbcode	Passepartout Ausschnitt 10 x 10 cm/ Farbcode	Gebrauchsartikel Artikel-Nummer
Veilchen	brombeer	Z	AA	Läufer 01.080.3/723
Frühlingsenzian	hellblau	B	F	
Klee	dunkelgrün	N	O	
Löwenzahn	dunkelgrün	N	G	Läufer 01.081.4/738
Stiefmütterchen	hellblau	B	U	Serviette 01.038.03
Heckenrose	kirschrot	D	I	
Lichtnelke	tannengrün	R	E	
Schlafmohn	kirschrot	E	I	Set/ Serviettentasche 01.045.06/01.047.06
Fuchsie	brombeer	Z	D	
Rose	kirschrot	Q	O	
Erdbeere	weinrot	V	G	
Himbeere	dunkelgrün	F	E	
Brombeere	delftblau	M	F	Läufer 01.081.1/751
Rosenmalve	mohnrot	BB	F	Läufer 01.080.2/716
Efeu	gold	F	H	Läufer 01.080.3/723
Olive	moosgrün	N	O	
Eichenkranz	natur	C	CC	
Hagebutte	moosgrün	C	N	
Ilex	mohnrot	V	CC	
Weihnachtskranz	hellrot	Y	O	

(Die Farbcodes dienen zur exakten Identifikation der Papierfarben bei einer Bestellung im Fachgeschäft.)
Alle Stickbilder auf Uhlenhof-Leinen Art. 01.020, 12 Fäden/cm - creme